Ley de Fugas

(2008-2012)

Primera edición en LOS VERSOS DE CORDELIA, noviembre de 2024

Edita: Reino de Cordelia
www.reinodecordelia.es
✕ ◉ @reinodecordelia f facebook.com/reinodecordelia
▶ www.youtube.com/c/ReinodeCordelia01

Derechos exclusivos de esta edición en lengua española
© Reino de Cordelia, S.L.
C/Agustín de Betancourt, 25 - 6º pta. 13
28003 Madrid

◀◀ El papel utilizado para la impresión de este libro, fabricado a partir de madera procedente de bosques
◀◀ y plantaciones sostenibles, es cien por cien libre de cloro y está calificado como papel reciclable

© Juan Lamillar, 2024

Cubierta: *Collage* de © Juan Lamillar, 2024

IBIC: DCF | Thema: DCF
ISBN: 978-84-128818-0-6
Depósito legal: M-23110-2024

Diseño y maquetación: Jesús Egido
Corrección de pruebas: María Robledano

Imprime: Técnica Digital Press
Impreso en la Unión Europea
Printed in E. U.

Ley de Fugas

(2008-2012)

Juan Lamillar

Índice

LAS PREGUNTAS

Ley de fugas

Si LOGRAS apresar
al que te tiene preso,
ejerce sobre él
estricta vigilancia.
Condúcelo por ásperos caminos,
por sendas laberínticas,
lo mismo que él te tuvo encadenado
a la lenta sucesión de los días.

Sé un audaz centinela:
dispara por la espalda
al tiempo que se escapa.

La llama azul

AL ÚLTIMO VERANO de nuestra juventud
se unió en la comitiva
un otoño tardío de incierta madurez.
Ya no en playas, en bosques
despoblados
encendimos el fuego
para alejar las fieras acechantes,
las alimañas fieles de los años.
La llama azul, audaz, arrepentida
de su breve fulgor,
nos guardará algún tiempo
del tiempo sin clemencia de la nieve.

Las preguntas

SI BUSCAS la cercanía
de los lejos de los tiempos,
rompe el presente que muestran,
azogue y luz, los espejos.
Busca el pasado en las fotos,
extiéndelas como un juego,
entiéndelas como símbolos
de un extraño idioma incierto.
Hablan en ellas la infancia,
la juventud, lo que quiero
nombrar como madurez
y es solo sometimiento
a este paso de las horas,
al rescoldo del recuerdo.
Miro mis rostros pasados,
miro después el espejo:

miradas que desafían
el transcurrir del momento
para establecer fronteras
que no he de cruzar. Espero
la áspera luz del futuro
y al pasado lo entretengo
trazando en la luz memorias,
fábulas, mentiras, versos.
A mis preguntas antiguas
nadie me está respondiendo.

Ofrendas funerarias

OBJETOS que dibujan,
desde siglos lejanos,
lo escondido, lo ausente.
Vienen de lo invisible
para ser contemplados,
de las tumbas se allegan
a estas salas sombrías,
tras el vidrio preservan
esas briznas de muerte
que aún conservan el mármol,
el metal, terracotas
ya quebradas y sucias
por el fango y el tiempo.

Beber en esa copa
de fragmentado vidrio,

guardar oscuras penas
en estos lacrimarios,
ajustarse estas joyas,
mirar en los zodiacos
ariscos y domésticos
cuál fue nuestro destino,
qué quimera nos hizo
habitar este hoy
sin culpas ni nostalgia.

César y héroe

EN UN TIEMPO prestigioso y lejano
habitaron los dioses,
los héroes heredaban las hazañas.
Hoy quedan las memorias,
rituales vacíos,
estampas en el mundo de los sueños,
los símbolos vivaces,
imágenes cansadas de la ausencia.

Aquí,
sobre columnas de un templo derribado,
miran césar y héroe la ciudad confiada.
Desde el pie los contemplo
desgastados por la lima de siglos,
tan presentes que siguen
saludando el futuro.

Preguntamos qué los hace durar,
vivir tan largamente
en un tiempo que es breve,
y darse como ejemplo
de justa permanencia,
de equilibrio.

Jardín de instantes

No te prosigas, Tiempo, no prodigues
tu oscuridad en este laberinto
del que apenas sabemos la salida,
perdidos como estamos en senderos
de minutos lentísimos,
en las lindes de las horas más rápidas,
en las fuentes pausadas de los días:
un jardín que el instante construye
y que miramos con avidez, con miedo,
tropezando en las ramas
que el viento ha derribado.

Naturaleza muerta

No LLEGAREMOS nunca al fondo del misterio,
a saber qué se esconde tras la densa quietud
de esta cesta de fruta.
El tiempo aún no mancilla los colores,
aupados y brillantes,
no quiebra el resplandor de las manzanas.
Mañana será otro el equilibrio:
sentiremos los pasos de la sombra
sobre la piel esquiva de los frutos,
y un poco más opacos sus colores.
Sentiremos el tiempo cuando muerda,
lento y voraz, el corazón del día.

Tipógrafo Invisible

Tipógrafo Invisible,
el tiempo mancha
con negritas la página del día.
Escribe nuestras dudas
con sus tipos fugaces.
No sabemos leerlas,
preguntas sin respuesta,
elegantes trazados
para dar dignidad
al rastro de la huida.

Las cosas

PARA ENTENDER la luz,
la gravedad,
he mirado despacio
el nacimiento audaz de la mañana,
y he dejado caer
el peso de los sueños, los regalos
que concedió la noche.
No las he comprendido:
graves y luminosas,
las cosas siguen siendo
cautelosos enigmas.
Distintos horizontes las custodian.
Y qué asombro mis ojos
ante su lejanía.

No sé si aprende la vida...

No sé si aprende la vida
lo que la muerte le enseña
o lo que el tiempo le quita.

Pero ni al sol ni a la muerte
—amigo y enemiga—
miro de frente.

Siempre en la sombra,
las amistades
que no se nombran.

Siempre enemigos,
horas, tiempos y muertes
que van conmigo.

Vida y certeza

No hay hora para mí que no esté muerta.

JOSÉ BERGAMÍN

NO HAY HORA para mí que no esté muerta.
Viva también pero luchando a muerte.
No hay hora que, dormida, no despierte,
que no mantenga mi mirada alerta.

Si mañana dudosa y tarde incierta
y noche abandonándose a su suerte,
qué magia conjurar para volverte,
vida, vida feliz, alegre, abierta.

Si morimos de tiempo, recobramos
en el tiempo también vida y certeza
y no son siempre fúnebres los ramos,

porque a veces nos salva la belleza
cuando llega a nosotros y gozamos
su fulgor y su firme fortaleza.

LA MÚSICA EN LO OSCURO

Otro lenguaje

ABSTRACTO y emotivo,
este lenguaje
llegó hasta la palabra
pero cruzó sus límites,
llegó donde el nombrar
ya no tiene sentido,
llegó donde nosotros
estábamos, callados,
esperando que hablara
con su luz y su danza.

El placer y la pérdida

ASOMADA al placer y a la pérdida
—ya Platón advirtió de sus peligros—,
aquí llega la música.
¿Nos salva? ¿Nos empuja al desorden?
¿O quizás al silencio?
Es toda interrogante.
Si queremos hablarle, ya se ha ido,
fugaz e iluminada.
Nos deja su tarjeta de visita
—en blanco, por supuesto—
por si acaso queremos, en la noche,
que nos eche las cartas
y que en ella vayamos desnudando
—el placer y la pérdida—
nuestro más inmediato porvenir.

Palabras de la música

MIEDO A QUEDARME solo con la música
porque me dice cosas
que no quiero volver a recordar.
¿Me enseña acaso el roto espejo de la infancia?
¿Una angustia disfrazada de niebla?
¿La soledad que dicta sus designios?
El pianista ejecuta las notas
ajeno e impasible:
lluvia lenta, un aguacero tenue
que sostiene
la incierta calidez de la amargura.
Y no hay rastros de amor, y no hay consuelo.
Miedo a estar solo
en esta permanencia gris del tiempo,
en esta esquina de la luz:
necesito algún cómplice

para escapar del miedo,
para impedir que esta noche
la muerte abra la puerta.

Si la música me nombra

LA MÚSICA que ahora escucho
sabe de mí lo que ignoro
en mi destierro del mundo.

Si viajo en el invierno,
solitario y metafísico,
me extravío por los senderos

y acabo por encontrarme
si la música me nombra,
si tengo un nombre que darle.

Con un lenguaje extraño

Esdrújulas las dos,
mística y música.

Caminos que nos llaman
a un más allá distinto,
pero siempre
por encima del mundo.

Círculos que contienen
magias de plenitud,
huellas de soledades.

Anhelos que se escriben
con un lenguaje extraño.

Orillas que se hunden en la noche.

En el libro de cuentas

DESPUÉS del lino
y después de la máscara,
aparece la música en las cuentas
de ceremonias fúnebres,
de los ritos inútiles de momificación.
Los embalsamadores están cantando ahora:
sus voces acompañan
los fatuos fingimientos
para evitar la nada.
Pero los cantos no salvan de la tumba:
lino, máscara y música
suavizan el dolor,
le hablan como amigos a la muerte
pero no hay esperanza en los ojos cerrados.

Morton Feldman

Hago lo que me dicen los sonidos.
Son más libres que yo.
Para mí lo importante es la silla adecuada
y un bolígrafo
y esperar que me llamen
y convertir sonidos en metáforas,
dejarlos que respiren.
No sé de qué está hecha
la música que escribo,
sé que cambia mi vida con sus órdenes,
obedezco a su fuerza,
que hace fuerte mi voz,
y no pago tributos a la historia.
Pueblo solo un espacio
comprometido con la vida.

La música en lo oscuro

He apagado las luces.
Para evitar el hosco resplandor de la luna,
he echado las cortinas.
Quiero solo la música y lo oscuro,
la música en lo oscuro,
naciendo en esta noche que es ya triple:
noche de la ciudad
y noche de este cuarto,
noche de mi interior necesitado
de una voz que me salve de la nada.

Una música íntima

En la cámara oscura del silencio,
dos mínimos sonidos:
la tensión del sistema nervioso,
el latir de la sangre.
¿Cómo escapar de esa música íntima,
de esos murmullos que nos constituyen?
Silencio de palabras,
silencio del deseo,
silencio del pensar.
¿Cómo escapar de ese vacío,
de esa blancura intensa?
Solo falta
que la radiante sombra del silencio
se alíe con la luz vibrante de la música.
Solo falta tu voz
anticipándose a la entrega.

Silencio con nombre

CUANDO acaba su música,
el silencio que llega
también se llama Mozart.

DE LA FILOSOFÍA

Vida pitagórica

Sobre las enseñanzas del maestro,
se ha extendido un silencio
quizá más pitagórico
que eficaz y piadoso.
Un nombre de prestigio
para avalar teorías de sus discípulos.
El maestro conoce los lenguajes
de muchos animales,
y sabe que es posible
reencarnarse en cualquiera de ellos,
pues el alma no muere.
En la teoría del número
va a descansar la música,
y los astros,
consumados intérpretes,
van de una esfera a otra

esparciendo armonía.
Así se ordena el mundo,
así llega a nosotros
su esplendor, su renuncia.

Imitación de Sócrates

Si el hablar impidiera la labor del veneno,
esparce ya palabras sobre el barro,
dibuja los sofismas en el muro del aire,
y bebe la cicuta con socrático afán,
con el desdén del sabio,
seguro de triunfar sobre la muerte,
sobre la intolerancia.

Platón certificado

PLATÓN, que dialogaba a orillas del Iliso
a la sombra de un plátano,
ignora, pasajero
en su caverna de la eternidad,
que en un pueblo no muy lejos de Atenas,
venden hojas del árbol fertilísimo,
el plátano platónico,
con sellos oficiales
del culto ayuntamiento.
Las hojas de sus libros,
las hojas de aquel árbol filosófico
que daba sombra a Fedro
siguen multiplicándose
con un certificado de origen y eficacia.
El filósofo de los claros diálogos

expulsó a los poetas de su férrea república
y dejo, sin saberlo, campo libre
a una insaciable tribu de burócratas.

Telegrama a Descartes

Espíritu desnudo. Mucho frío.
Mandar razonamientos que lo abriguen.
Urgente. Muy urgente.
Si no, descenderemos
a las oscuras llamas del sofisma.

Ante la tumba de Kant

RAMOS FELICES sobre la augusta tumba,
las palabras de amor que pronuncian los novios,
quizá los prolegómenos a toda metafísica
en la que acaba por convertirse el vínculo
fatal del matrimonio.
Aquí, sobre la tumba
del hijo ilustre de Königsberg,
comenzarán los novios el camino
que conduce de la razón más pura
a la razón más práctica.
Hoy depositan flores y palabras
para que Kant bendiga
(puntualidad y pulcritud garantizadas)
una realidad real e inalcanzable,
el encuentro de dos concretas subjetividades,
lo que no podemos conocer del amor.

Un tal Heidegger

¿Será ahí donde vive
el *ser-ahí?*
Es un intermediario con la muerte.
Me dejó su tarjeta,
algo así como Heidegger.
Profesión y destino:
un ser para la... No caigo,
no recuerdo.

Amores de filósofos
(Günther y Anna)

En un BALCÓN estrecho se preguntan,
a la sombra de Leibniz,
por el mundo y sus mónadas
mientras quitan el hueso
a las cerezas
para hacer mermelada,
(¿dónde el ser?),
mientras un hueso escapa
y le da a un transeúnte
del todo ajeno a la metafísica.
¿Somos nosotros mónadas
incapaces acaso de comunicación?
¿Dónde el ser,
ese ser para la muerte?
«Amor es el acto por el que convertimos
algo a *posteriori*

en un a *priori* de nuestra propia vida»,
dijo él, declarándose,
y ella bajó los ojos:
desde esa misma tarde
con sabor agridulce a mermelada
fueron novios distantes,
vagamente ontológicos.

Teoría de Man

¿Accidente semiótico la muerte?
No hay signos que lo indiquen,
ni Paul de Man explica su teoría
en la negra pizarra de la nada.

LA ORACIÓN DEL COLOR

Dentro de la pintura

Dᴇɴᴛʀᴏ de la pintura,
la mirada.
Ni «frente a» ni «al lado»,
dentro,
haciéndola nacer,
eligiendo los trazos y colores,
guiando los pinceles,
la mano del artista,
mirando su mirada.
En un juego de ojos y de espejos,
miradas que se encuentran
en ese raro territorio
primario y primitivo:
manos que crean un mundo.
Miradas que no ignoran
los límites impuestos

por un juego de azar
que baraja visiones
y nos entrega imágenes
para poblar con ellas
nuestra esperanza,
nuestras soledades.

La oración del color

BANCOS DE NIEBLA de colores Rothko,
vida que se sumerge en esos lienzos,
duradera y monótona
como toda fingida eternidad.
En el azul salvemos sentimientos,
que ahora llegará el rojo
con su sabor a saliva y a sangre,
que ahora el gris nos salpica
de lluvia y de nostalgia.
En el triste ajedrez de los ocasos,
negro, negro que ya no espera
sino nada y olvido.
Pronuncio la oración del color
y la audacia del viento se lleva los amenes.

El laberinto

Resuelve el laberinto: sé pincel
en la trama colmada del color,
lápiz cuando el dibujo sea fulgor,
tinta que deje huellas en tu piel.

Alza esta arquitectura de papel,
ordena la memoria alrededor,
no sepas que te hiere el resplandor
de unos trazos tallados a bisel.

Aprende lentamente a comenzar
a entrever lo que tienes que decir
con la certera magia del pintar,

y saca de la fuerza del vivir
olas distintas de un distinto mar,
los mismos mares de un distinto huir.

Rojo Rothko

Detrás del rojo vivo de esta franja
violenta de color
está el impulso audaz de lo sagrado,
y detrás del azul,
y sostenido en la oscura fidelidad del verde,
y en la hondísima sima de lo negro,
y en la herida de fuego del naranja.
Con fervor religioso apliqué los colores,
urdimbre horizontal para entender la vida,
el rito de la nada.
Que el llanto de la gente ante estos lienzos
sea también religión,
la improbable respuesta ante el vacío.

La tarea de la luz

COMPETIR con el sol es la tarea
de la luz de este lienzo,
competir con la caliente bruma
que nos desasosiega.
Pero esta luz creada nos invade
y nos mancha los ojos
cada vez con más fuerza.
¿Cómo entonces cerrarlos
si son luces y brumas
y recuerdos de noches
lo que nos da la vida,
si nos reconocemos en sus tiempos distintos,
en sus cercanos límites?

Mark Rothko

BRILLO oculto en lo oscuro:
la muerte pide paso,
sonríe detrás del lienzo,
nos engaña con sus manos piadosas.
Las grandes extensiones de colores purísimos
son el desierto cotidiano,
el fuego que se enciende
para apagar la soledad,
el miedo.
Hago caso a la muerte:
la he llamado
para que pise estas baldosas,
recorte mi silueta que se asoma
a ventanas altísimas,
y abra este paso secreto
hacia la oscuridad,
y acompañe el adiós que ella ha dispuesto.

Italianos

No encuentras italianos
en el cuadro de Twombly
titulado *Italianos*.
Los que miran
los buscan en la tela
y solo reconocen
el claro ser del lienzo
con su enigma.
¿Italianos? Pudieran ser franceses
o prusianos o hindúes
los que dan, con su ausencia,
certeza a la materia frugal de la pintura.
Una lógica incierta
se detiene en los ojos
del que mira y comprende

solamente la música —la leve tarantela—
que el pintor ha esparcido
sobre esta desnuda superficie.

Colores de acuarela

Verde y gris
tras la torpe cuadrícula
que adorna la ventana.
De la noche ha nacido la lluvia,
en el árbol se ha cansado el silencio
y brotan, como huidizos,
murmullos de los pájaros.
Colores de acuarela:
verde y gris
también son las consignas
de la melancolía.

Las estatuas

Desenterradas de los antiguos bosques
con sus cultos secretos,
victoriosas en plazas de prósperas ciudades,
alzan su soledad frente a la nuestra
y compartimos nuestro común naufragio
frente al mundo.
Las estatuas no siempre se comportan
como materia inerte.
El mármol de esa mano cobra vida,
la talla de unos labios esboza unas palabras:
de amor si es un desnudo en desafío,
un rezo si miramos a la santa
en el dibujo lánguido de un éxtasis.
No siempre se deshacen las estatuas
con la lluvia de siglos en los parques.
A veces se interrogan sobre su permanencia

y el bronce se hace piel por un momento
para sentir la brisa jovial de la mañana.
A veces no soportan que las miren:
ojos extraños frente a su desnudez,
a su intemperie,
aunque veamos la levita del prócer,
la capa desplegada de los héroes,
el piadoso silencio de los santos.
A veces se suicidan por dentro
y apenas si notamos,
en sus distintos materiales,
una incierta palidez sobrevenida.

Pietá Rondanini

En el mármol ya luchan
la carne y el espíritu.
Detrás de esa agonía
existe la belleza.
Se trata solamente
de tallarle las alas
para su libertad.

El viaje

Las magias

Magia de juegos de manos
más que de ritos chamánicos.

Magia más del más acá
que de rutas infernales.

Magia que mira en espejos
y no busca en las tinieblas.

Magia que brilla en las ferias,
nunca entre llamas y filtros.

Magia de mago, de artista,
nunca magia de hechicero.

Magia de luz, de sorpresa,
no la que pide la muerte.

Donde acaba el camino

Un sol central y duro y enemigo
hiere las horas lentas del encuentro.
Sobre la piedra repta, va incendiando
la cima de los árboles, recorta
con su luz las paredes de esta casa
donde acaba el camino, acaba el mundo.
¿Adónde hemos llegado?
¿Desde dónde miraremos la playa,
el mar, el horizonte,
sin que el tiempo nos diga cuántos nombres usurpa?
Aquí ya hemos fijado la cita con la muerte.

El viaje

La muerte es una obra
de un solo personaje.
Abstenerse curiosos,
letrados, paseantes,
todo aquel que pasaba
y se asoma a un viaje
que siempre es el de otro,
el ajeno, el distante.
Se va solo el solista:
no quiere figurantes.
Aunque todos saludan,
no lo despide nadie.
Está solo en la muerte:
todo normal, no es grave.
Ya veréis como pronto
se acostumbra al paisaje.

Un réquiem propio

Todos tendremos que escribir un réquiem.
Con este u otro nombre
reuniremos palabras a su sombra.
Otros pusieron música a la muerte,
nosotros solo versos.
Es como dibujar nuestro retrato,
como alzar un poco más la angustia,
escribiendo además de muchos modos
la única palabra que ha borrado su música,
y ha desdibujado su fiel caligrafía
lentísima
para alcanzar tan solo el color de la nada.

Iniciales terminales

Resulta que la muerte
es una circunstancia demasiado seria,
traspasa el sonsonete de la misma palabra
que pronunciamos tanto,
como si fuera un pájaro acostumbrado al mundo.
Música encerrada en la M,
universo ya roto que cantaba la U,
y la vana Esperanza
de las Resurrecciones.
Quizá escribamos Término, o Angustia,
y repite la Espera sus acordes.
¿O son mar, unicornio,
espejo, reliquia, territorio,
enigma, lo que dicen que son,
lo que nos aseguran las palabras?

Resulta que la muerte es más que una de ellas
y las encierra todas,
y nos entierra a todos
en el inacabable espacio de su grave certeza.

Trabajos manuales

Con témpera amarilla está pintando
la clara calavera de escayola.
Está pintando su retrato futuro
con un color inapropiado
—mejor el blanco sucio,
el marfil,
mejor el color hueso.
Pero ¿qué importan estos colores vivos?
Mejor que disimulen el espanto,
la pequeña certeza
que ahora la mano alza
para pintar de un tenue color negro
unas líneas finísimas
que tracen las fronteras de los huesos.
También oscura,
una mirada que no existe,

adivinada en los huecos de los ojos.
Y ahí se adentra el pincel
para añadir oscuridad,
vacío, silencio,
nuestro más fiel retrato,
nuestra nada.

La santa muerte

UN VESTIDO de novia para el Día de los Muertos,
esqueleto elevado a los altares,
un culto clandestino para la Santa Muerte,
«niña blanca» le dicen.
Tequila y marihuana y cervecitas
para honrar su presencia.
En los labios se funde
el pegajoso azúcar de las calaveras
y el sabor de la muerte
pone sombra en la lengua,
contagia las palabras
con su acidez de tumbas y de osarios.

Funeral de Stieglitz

Arrancó el raso rosa
—la muerte no puede rodearse
del estruendo gastado
de la cursilería—,
el forro horripilante
para tener que conmorir
durante muchas décadas,
el rosa que rozase
el cuerpo del fotógrafo.
Manos de Georgia O'Keeffe
cosiendo en la madera
lienzos de lino blanco
para que su pureza
ungiera el cuerpo muerto,
contagiara con su tejida luz
a esos ojos que tanto desnudaron

su cuerpo y que lo han hecho
vivir en detenida juventud,
en el milagro quieto
de las fotografías.

La llamada

HE OÍDO la llamada. Me preparo.
La vengo oyendo desde siempre y quiero
llegar digno a la cita. Ya no espero
sino horas de angustia y desamparo.

He oído que me llaman. No me paro
a distinguir los ecos, prisionero
de la primera voz, la que prefiero
por su origen fatal, su metal claro.

Me nombran, pero lejos. Todavía
dura la dura tregua que disfruto,
donde el nunca y el nada y la vacía

sensación de gastar cada minuto
van limando la pérfida alegría
de la vida, un paraíso diminuto.

El tatuaje

«Propiedad de la muerte»: estas palabras
las llevamos tatuadas en el pecho,
sierpes dispuestas, en vilo y al acecho
con sus estragos y sus abracadabras.

La muerte va diciéndonos: «No abras
las ventanas del mundo. Mira el techo
que te cubre, disfruta, lleva al lecho
el placer y el amor que ahora apalabras».

No se puede borrar este tatuaje:
cada año que pasa está más vivo
para hacernos más daño con su ultraje.

Ni retrocedes ni el tiempo es compasivo,
acompasado como está el viaje.
Y numerada sigue la cifra del cautivo.

Somos

Somos el ser
que conoce la muerte.
También el que se sabe
salvado por la luz.

Esta primera edición en
LOS VERSOS DE CORDELIA de
LEY DE FUGAS
se acabó de imprimir
en el otoño de 2024

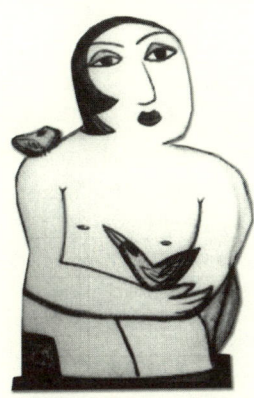

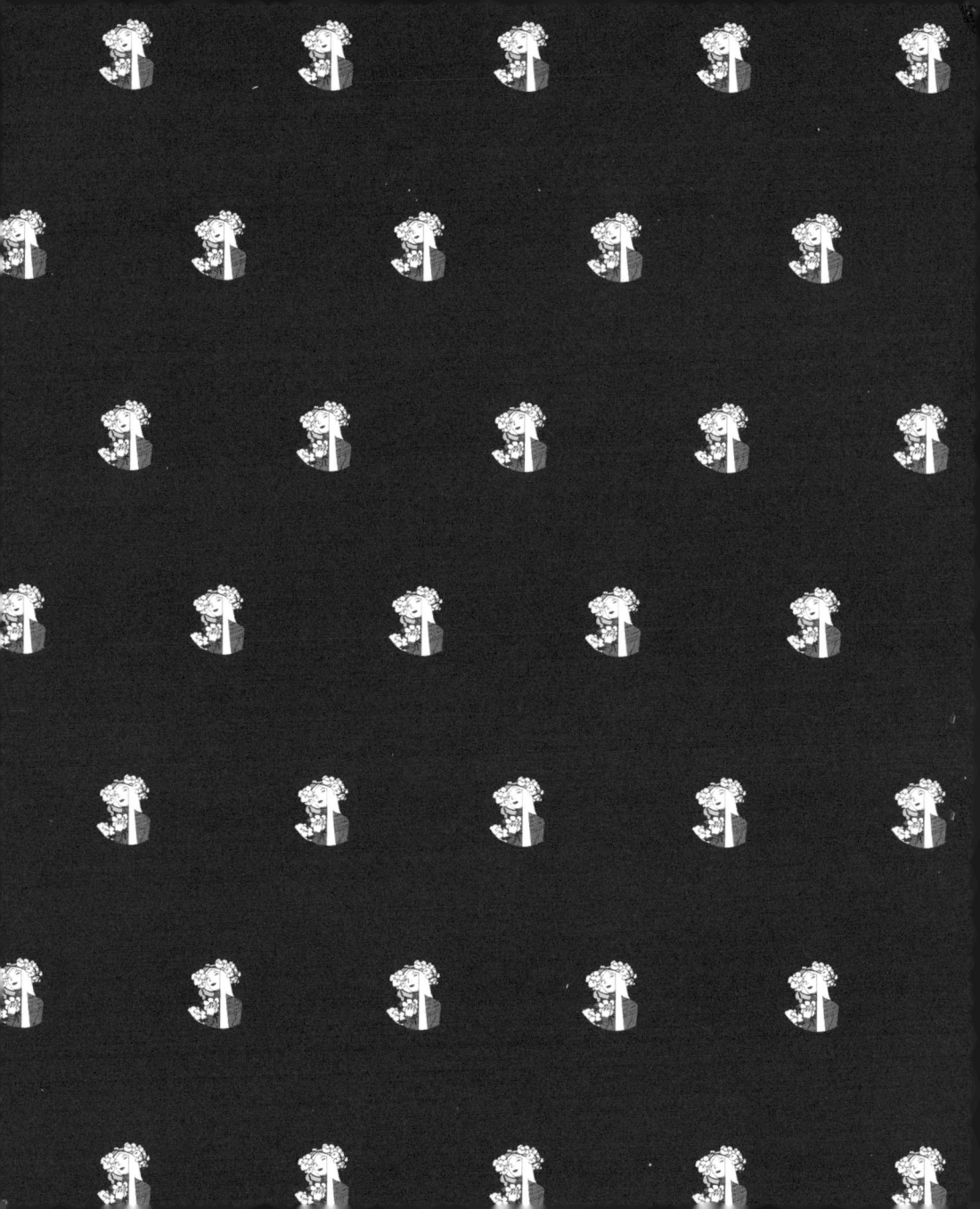